"LO QUE ME ENSEÑÓ EL AJEDREZ"

O LA LÓGICA DE CUANDO LOS SISTEMAS SE COMPLICAN

"LO QUE ME ENSEÑÓ EL AJEDREZ"

O LA LÓGICA DE CUANDO LOS SISTEMAS SE COMPLICAN

zerreit

1970
Ciudad Satélite, Naucalpan, México

Para realizar pedidos de este libro, contacte con:
Palibrio
1663 Liberty Drive, Suite 200
Bloomington, IN 47403
Gratis desde EE. UU. al 877.407.5847
Gratis desde México al 01.800.288.2243
Gratis desde España al 900.866.949
Desde otro país al +1.812.671.9757
Fax: 01.812.355.1576
ventas@palibrio.com
701265

Índice

Dedicatoria

A mi padrino Profesor Marcos Quiroz Gutiérrez
quien entre otras muchas cosas me enseñó a
jugar al ajedrez en mi primera infancia.

A Fermín Revueltas Valle.

Leeme.1st

Estimado lector: Este pequeño libro pretende introducirte en el arte del pensamiento del buen ajedrecista, que logra mediante el manejo de sus recursos el triunfo o la derrota, el primero te dará la satisfacción de haber vencido, la segunda el ímpetu para empezar de nuevo.

Muy posiblemente, este es el primer libro de ajedrez, que no está dedicado a los ajedrecistas, para su lectura ni siquiera hace falta el conocimiento de como mover las piezas (léase trebejos) en el tablero del llamado juego ciencia, aunque indudable-mente deseo que mis amigos, tanto los ajedrecistas de todos los clubes que he visitado, como los simples "ajedrecistas de la vida" encuentren en él, la proyección hacia sus vidas que el ajedrez otorga.

Esta dedicado a todos aquellos que deseen aprender a hacer un análisis de su presente, para que, sin contaminar de pasado su presente, puedan utilizarlo en beneficio de la construcción de su futuro.

A todos aquellos que sin importarles el dolor de haber perdido, estén dispuestos a volver a "colocar las piezas" y empezar otra vez nueva experiencia. Con la esperanza de ahora si ganarla.

Introducción

Hace tiempo que: –mientras me forma-teaba el disco duro- venía diciendo en conversaciones con mis amigos, cuando me preguntan de donde saque tal o cual concepto:

¡Me lo enseñó el ajedrez!

Con lo que adquirí la deuda de algún día intentar estos ensayos. El ajedrez es ante todo un modelo de **estrategia**, y ésta más que una ciencia constituye un arte al que podríamos definir como el arte que nos enseña: **La mejor utilización de nuestros recursos.** Si bien, pareciera que la idea misma de estrategia, se encuentra más ligada a la de guerra y por tanto a la muerte que a la vida, -tesis cuya antítesis trataré de demostrar-. Ésto no es así, ya que **el ajedrez es un bello modelo de la vida.**

Capítulo I
Estrategia Intuitiva o
Intuición Estratégica

Fue de la guerra de la que los griegos inventaron su nombre *stratos* = ejercito y *agein* = conducir) y el Diccionario de la Real Academia Española de la Lengua, la define cómo:

"El arte de dirigir operaciones militares"

O bien en sentido figurativo como:

"El arte o traza para dirigir algún asunto"

La estrategia ha sido desde que los griegos la bautizaron, la condición esencial *sinequa non* para poder ser general y líder de un ejército. Sin embargo, la estrategia ha sido mucho más que un simple ardid de guerra hecho con astucia, y algo mucho más que la simple habilidad para dirigir el tal asunto a que se refiere el diccionario.

De hecho, cuando se ha intentado darle una definición, los expertos que de ella se han ocupado, no se han puesto de acuerdo.

Y la gama de definiciones que de la estrategia se han intentado van desde:

"La ciencia del general" hasta **"el arte de hacer la guerra en el plano"** pasando por quienes han intentado simple y burocráticamente administrarla como *"la coordinación de operaciones para efectuar la guerra"*.

También han tratado de matematizarla (léase formalizarla), lo que llegó a estar en un tiempo tan de moda que hubo quienes llegaron a aspirar, el concretar en formulas y figuras geométricas la forma de lograr el triunfo. Olvidándose de que la guerra es cuestión de conducta de masas de hombres que chocan, esencia que escapa a la rigidez y precisión de todo cálculo.

Cuestión de Sistemas Complejos que ciencias como la Sociología o la Economía, no han podido formalizar para estas fechas.

Tal vez una mejor idea de la estrategia nos lo demuestre lo sutil de su esencia. La estrategia no puede compararse con simplemente su logística (palabra que derivada del francés: *logistique* = colocación, da solamente idea de una acomodación).

Comparar a la estrategia con la simple logística, sería tan insulso como comparar el gran placer de jugar ajedrez con el simple hecho de colocar las piezas sobre el tablero (lo que de hecho constituye -de acuerdo a la teoría del inventario- un primer grado de inventario). Línea de pensamiento a la que los burócratas reducen la estrategia.

Tal vez, la entendamos mejor si consideramos que a diferencia de otras artes que conjugan en sus metas, la belleza, la armonía, la proporción, la simetría y muchas otras propiedades de la materia, de las que goza el espíritu humano. La estrategia sólo tiene una meta a resolver, **su capital problema es únicamente la consecución de la victoria**[*].

---

[*] A diferencia de las ciencias, que persiguiendo una verdad científica que nunca alcanzarán, proponen sus teorías, de las que sin negar su gran utilidad no es mas allá en cuanto a verdad que las bellas minifaldas.

En estrategia, hacer un plan bien hecho a fin de lograr un objetivo no es simple-mente una tarea vulgar y adocenada (como la llamaría Rubió, en su Diccionario de Ciencias Militares); trazar un plan que sea aceptable ya ofrece una dificultad al que lo intenta; ser capaz de escoger el mejor de los planes posibles, es ya una tarea que sólo la puede realizar una clara y selecta inteligencia. Pero ser capaz de identificar los objetivos, la relatividad de su valor en cada tiempo, conjugar los problemas y recursos y por último ser capaz de llevar a cabo el plan con éxito:

Eso, ¡sólo lo logra el estratega!

Se me ocurre que una buena definición para la estrategia se podría encontrar en el mismo Diccionario de la Real Academia Española de la Lengua, en la definición que nos da de arte a la que, si simplemente le cambiamos la terminación "alguna cosa" por "el triunfo" quedaría:

"La estrategia es la virtud, disposición o industria para lograr el triunfo"

Tal vea por eso, la esencia de la vida, tanto en la biología como en la diaria nuestra, es la continua lucha en la que:

**Cada triunfo, sólo sirve para llevarnos
a enfrentar un nuevo desafío.**

Razón por la que el ajedrez, se le parece tanto. En él, más que en ningún otro arte, el éxito depende esencialmente del uso que hagamos de nuestros recursos, los que como se verá en los siguientes capítulos, eminentemente dependen de nuestra capacidad de haberlos identificado, de enfrentarlos a nuestra problemática -en la que, **cada problema es un recurso negativo**-, de utilizarlos de la manera más inteligente, de cuidar de que al utilizarlos no se destruyan, amén de cuidar multiplicarlos.

Razón por la que los grandes estrategas de la humanidad únicamente han revelado su genio durante la guerra, cuando -tan sólo- del más sutil error, depende la victoria, la que solamente se logra mediante el uso del recurso adecuado en el sitio exacto, siempre al tiempo preciso. Y esto, para cada recurso!

Sólo condiciones como las que generó la Revolución Mexicana fueron capaces de generar un Pancho Villa o un Zapata, la situación de la Francia de mediados del siglo XVIII un Napoleón y a su vez los problemas que este planteó a Inglaterra un Wellington.

Capítulo II
Problemas vs Recursos y
Recursología Pulgarcito

El ajedrez no tendría la gran complicación que nos deleita, a no ser por el hecho de que la conjugación de los recursos, dependiendo de sus situaciones en el tablero (léase espacio) y en cada una de sus jugadas (léase tiempo), generan a su vez nuevos problemas, a los que hay que enfrentar **recursos** que con la sola jugada del oponente se han modificado, y así lo que en la jugada anterior era un recurso, puede en este momento, ya no serlo, como pasa en la vida, en todas sus facetas.

Ésto me hace evocar las palabras de Karl Popper filósofo inglés que en sesión científica dedicada al reduccionismo, así expresara:

"Vivimos en un mundo en el que brota la novedad, en un mundo que nos enfrenta a unos problemas que si los resolvemos sólo será para caer en otros mayores y distintos, situación que no puede reducirse ni siquiera a la situación inmediata anterior"

Capítulo III
Intuición Estratégica o
Estrategia Intuitiva

Razón por la que en el ajedrez y en la estrategia, al igual que en la poesía, las artes y las ciencias, no es suficiente tener una gran inteligencia, más se requiere de una creatividad especial, propiedad que distingue a los genios tanto del ajedrez como del arte y de la ciencia.

Además de cierta intuición a la que los ajedrecistas han llamado: el **sentido ajedrecístico**, el que a su tiempo demostraremos es el mejor ejemplo de conocimiento "heuristico" el conocimiento que ahí esta (lo cual quiere decir su nombre en griego), y que permitió a los expertos en inteligencia artificial poder desarrollar los sistemas expertos[*].

Y por supuesto que, al igual que en la poesía, las artes y las ciencias, el gusto especial, del buen ajedrecista pare el que, **el resolver un problema es regocijo.**

Motivos por los que podemos decir, que como modelo de estrategia el ajedrez, es mas bien modelo de una **"ciencia principito"**, una **"recursología discreta"** o bién una **"recursología finita"** en la que se ha disminuido (léase discretizado) el espacio a sesenta y cuatro casillas (algo que no se había requerido en los mismos autómatas celulares[**]),

---

[*] Tal vez el mejor modelo de arquitectura computacional de estos sistemas expertos, sea el diseño de los nuevos programas computarizados del ajedrez contemporáneo que utilizan familias (léase expertos) diferentes de programas en los que hacen uso de extremadamente grandes memorias en la apertura, de estrategias copiadas en el medio juego, y de algoritmos con una tremenda fuerza bruta que han logrado barrer todo el árbol de posibilidad en los finales.

[**] Herramienta matemática que hace uso de cuadrículas y un discreto número de instrucciones para resolver problemas.

y se ha limitado el tiempo (léase acotado) a tomar una sóla decisión cada jugada.

Ya que, aunque antes del medio juego, las jugadas que se pueden presentar nos parecen infinitas y tal vez *"quasi"* lo sean, pasado el medio juego sus posibilidades se recortan con la misma pendiente logarítmica y al final disminuyen, sin que por eso los finales se vuelvan fáciles menos interesantes o tediosos. Si estudiamos un gran número de partidas de ajedrez, veremos que aunque no existe en su reglamento una regla que limite a la partida de sobrepasar determinado número de jugadas, es raro encontrar partidas de más de cien jugadas, por la simple razón no escrita de que en la misma naturaleza de la apertura está su consecuencia obligada, que es llegar al medio juego, y este a su vez, desembocar en el final. Y que aunque puede volverse infinito y declararse tablas, sólo puede perderse o ganarse.

Y a semejanza de la vida, que genera números muy grandes con la combinación de números pequeños. En ajedrez, a partir de la combinación de unos cuantos elementos (léase un número discreto), se origina un número casi infinito de situaciones y problemas, que hacen que este juego, se mantenga perenemente joven.

Como a todo sistema de conocimiento basado en reglas se le puso un reglamento (léase restricciones) de las que diría el matemático francés H. H. Pathé: "Tenemos una nueva forma de la paradoja del huevo y la gallina:

"¿Que fue primero las restricciones que generan un lenguaje o el lenguaje genero las restricciones?"

Ya que un grupo de restricciones genera una gramática, hoy en los tiempos en que los matemáticos han llevado la idea de gramática de un conjunto de reglas de ortografía, a ser las reglas de un sistema que sustenta una teoría.

Con lo que vemos que el ajedrez sin ser un autómata celular genera una gramática y un lenguaje, por la simple razón que sin ser matemático, como la vida -y como toda teoría- obedece a una lógica en la que las proposiciones en vez de ser utilizadas para construir las tablas de verdad que nos ayudan a valorar sin son ciertas o falsas, sólo nos llevarán a valorar si las jugadas (léase proposiciones), fueron las requeridas para lograr el triunfo.

Razones por las que el ajedrez también es un modelo y para nuestra suerte bastante simplificado de una nueva ciencia, puesto que se origina de la observación y experimentación dentro de su ámbito.

Modelo que se encargaría de estudiar la mejor utilización de los recursos. Esta ciencia, que resulta en realidad el **Pulgarcito de las ciencias**, requiere para su conformación de sólo cuatro postulados, que convertidos en preguntas constituyen el esquema de pensamiento del ajedrecista, el que sin darse cuenta sólo utiliza el sistema de esa lógica universal, a la que hemos sugerido llamar:

Capítulo IV
La Lógica De Cuando Los Sistemas Se Complican

Y como, con no poca frecuencia, el sistema que más se nos complica es nuestra vida misma.

La tesis contenida en este escrito, es que **el ajedrez podrá enseñarnos a analizar un poco nuestra vida**, ya que al fin y al cabo:

El ajedrez es un muy buen modelo de la lógica de cuando los sistemas se complican.

Los sistemas que se complican para este orden de ideas podemos definirlos como conjuntos, en los que sus elementos generan interacciones entre si, de tal manera que: El sistema como un todo resulta diferente de la suma de sus partes. Principio filosófico al que Smuts (precursor del pensamiento sistémico) en 1926 llamara *holístico* y expresara diciendo que:

**"Toda realidad se encuentra compuesta
de un todo organizado".**

Más recientemente, la antítesis de esta característica, el hoolístico, ha sido llamada: "Principio de superposición". Utilizado por los expertos en simulación biológica computarizada (a la que pomposamente se ha llamado *artificial life*), encuentran que los sistemas que comparten comportamientos similares con la vida, o con ciertas características de los sistemas biológicos, tienen como característica principal la "no linealidad" caracterizada por no acatar este principio de superposición que hace en los sistemas lineales, que el análisis de cada una de sus partes en forma independiente permite la reconstrucción del sistema y sus conductas.

Los sistemas no lineales como la vida, en los que no es posible predecir conductas, aun cuando estas se intenten reglamentar con restricciones (principio que parecen ignorar nuestros estadistas del tercer mundo), no acatan el principio de superposición, por lo que en ellos la integración de sus diferentes componentes genera líneas de comportamiento inesperado, que son el interés de estos programadores interesados en la "artificial life*.

En la lógica de cuando los sistemas se complican se generan problemas entre los integrantes del sistema, los cuales no son otra cosa que: La diferencia entre una situación deseada y una situación lograda.

Y para resolverlos el ajedrecista genera recursos, los cuales no son sólo la presencia de sus piezas en el tablero sino más bien el uso que haga de ellas. Un principio conocido de todo ajedrecista es el de que:

Las piezas valen por el lugar que ocupan en el tablero

Este principio del ajedrez coincide con el principio fundamental de la estrategia que estriba en la concentración de las fuerzas, principio que los viejos generales expresaban diciendo:

"Un ejército ha de dispersarse para subsistir
y concentrarse para combatir"

Para los fines que nos interesan este principio indica la importancia de evitar la disgregación de esfuerzos, falta en la que se caé, con frecuencia en el ajedrez como en la vida por

* Que no es nova manzana nueva, de otro nuevo pecado original.

no estimar la magnitud de un problema. El gran Napoleón decía al respecto:

"Nunca se es bastante fuerte en los momentos de batalla. Toda unidad de tropa debe acudir al ruido del combate"

Principio de concentración de recursos, que para Bonaparte no sólo era también operante en la ofensiva, como en otro de sus textos lo expresa:

"...[..].La defensiva maniobrera, agresiva y activa, también podía producir resultados asombrosos si a cambio de su inferioridad tenía la capacidad de acudir en el momento preciso al sitio requerido, convirtiendo la defensa en un conjunto de inteligentes contrataques".

Situación que hace pensar a los ajedrecistas en el renacimiento de las aperturas de espera en ajedrez como la recientemente puesta en moda Defensa Meztel por el campeón británico de los setentas.

Esa concentración de fuerzas en ajedrez, es un perfecto ejemplo de que la mejor utilización de las piezas en el tablero, no es lograr amontonarlas en un sitio, sino lograr su localización adecuada a manera de que sus efectos se conjuguen y potencialicen (léase optimizarlos).

Todo jugador sabe que un caballo situado en el rincón es capaz de tener, no mas de dos jugadas, pegado a la orilla del tablero y lejos del rincón tiene hasta cuatro, pero en el centro puede tener ocho, razón por lo que aprende desde sus primeros lances a colocar sus piezas en el centro.

Capítulo V
Verdad Científica vs
Verdad Ajedrecística

La verdad en el ajedrez como en la estrategia constituye la **única verdad que se demuestra sola**, es predicado que no requiere de ser aceptado por comité de expertos como la ciencia. La verdad en ajedrez es harto feliz o harto dolorosa, ya que a diferencia de las verdades en las ciencias, la moda o la cultura no son otra cosa que:

**Las proposiciones que no han sido probadas falsas,
y son aceptadas por un comité de expertos.**

La verdad del ajedrez no requiere del juicio de expertos para adquirir esa característica axiológica nacida de una mayoría, de una motivación de mercado, o de una democracia.

Su eficiencia salta a la vista a cada momento ya que, de las jugadas (léase proposiciones) que en sus reglas el ajedrez permite (a lo que los actuales expertos en sistemas de conocimientos basados en reglas llamaran su **gramática**), se genera un lenguaje:

El lenguaje de la lógica de cuando los sistemas se complican

**Un lenguaje que los ajedrecistas sienten, y que
más rico que el sepulcral silencio en el que
casi se deja oír el zumbar de sus neuronas,
sólo lo rompe la palabra ¡jaque!**

Lenguaje de proposiciones, en el que a diferencia de otros lenguajes que toman como base a la lógica de predicados, en este caso no se interesa en que las proposiciones sean verdaderas o falsas.

En este lenguaje, de esta lógica no hay tablas de verdad, que califiquen de falso o verdadero el resultado.

En este lenguaje, igual que en la vida, el calificador es la eficiencia del sistema, una eficiencia que las palabras del sabio juicio napoleónico ya había predicho:

"Ganar una causa condenada a perderse no es ganar"

En ajedrez como en la vida el resultado, no sólo no es continuo, sino que es discreto, en ajedrez el resultado es uno sólo. El ajedrez es una guerra en que no importan las batallas sino el finiquito. Y ningún ajedrecista calificaría de triunfo una comilona de piezas de la que al final sólo salió dolorosamente malparado.

Capítulo VI
Lo Que Me Aconsejó El Ajedrez

En ajedrez del resultado de la proposición que hacemos depende la próxima jugada (léase el futuro inmediato del sistema). Pero una vez que el futuro inmediato del sistema se convirtió en presente, ya no puede el ajedrecista lamentar su ahora ya pasado, por inmediato que éste pueda parecerle.

Tal vez la primera gran lección que el ajedrez nos brinda: Es que el ajedrecista, como el hombre, sólo tiene para hacer su juego, su presente.

Hemos dicho que el ajedrez visto como la *Recursología* o, como una **ciencia principito** sólo esta compuesta de cuatro leyes que utilizadas como normas nos dan el marco para generar una conducta, pero podemos convertirlas en preguntas, y entonces nos permiten analizar cualquier sistema complicado y muy posiblemente:

El sistema más interesante, complejo y complicado, para nosotros, sea nuestra vida misma.

Pero lo curioso de nuestra pequeña ciencia, es que nos muestra que las dificultades de nuestra vida diaria, para los efectos de este análisis resultan similares a las dificultades de una fabrica para funcionar, un banco, una oficina, un hospital, una universidad o un Instituto Politécnico y que en forma muy sabia han sido las mismas preguntas seguidas por la Madre Naturaleza en su obra. Estas preguntas son:

I.- Conozco mis recursos?
II.- Conociéndolos los utilizo?
III.- Utilizándolos: ¿cuido de que no se destruyan?
IV.- Genero nuevos recursos?

Preguntas que en forma de consejos, podrían ser la mejor lección que la Madre Naturaleza diera a sus criaturas:

Epílogo

"Conóce tus recursos, utilízalos de la mejor
manera, al utilizarlos cuídalos de que no los
destruyas y procura generar nuevos recursos"

¡Unica forma de triunfar en ajedrez como en la vida!

Printed in the United States
by Baker & Taylor Publisher Services